ANALISI DEL LIBRO

La vita davanti a sè

• • • • • • • • • • • • • •

Romain Gary

ANALISI DEL LIBRO

Scritto da Amélie Dewez
Tradotto da Sara Rossi

La vita
davanti a sè

ROMAIN GARY

ROMAIN GARY

ROMANZIERE FRANCESE

- **Nato in Lituania nel 1914**
- **Morto a Parigi nel 1980**
- **Opere degne di nota:**
    - *Le radici del cielo* (1956), romanzo
    - *Promessa all'alba* (1960), romanzo
    - *La vita davanti a sè* (1975), romanzo

Romain Gary (nato Romain Kacew e conosciuto anche con lo pseudonimo di Émile Ajar) è stato un romanziere francese di origine ebraica, nato in Lituania nel 1914. Arrivò in Francia all'età di 14 anni. Dopo aver conseguito una laurea in legge, ha prestato servizio nelle Forze Francesi Libere fino alla fine della Seconda Guerra Mondiale. Ha poi intrapreso la carriera diplomatica fino al 1960. Si è suicidato a Parigi nel 1980.

Romain Gary è l'unico scrittore francese ad aver ricevuto due volte il Prix Goncourt: la prima volta nel 1956 per il romanzo *Le radici del cielo*, pubblicato con il suo nome, e la seconda volta nel 1975 per *La vita davanti a sè*, pubblicato con il suo pseudonimo, Émile Ajar. Romain Gary è noto per questo desiderio di mantenere il suo nome un mistero.

LA VITA DAVANTI A SÈ

UN CAPOLAVORO

- **Genere:** romanzo
- **Edizione di riferimento:** Gary, R. (1977) *La vita davanti a sè*. Trans. Manheim, R. New York: New Directions Books.
- **Prima edizione:** 1975
- **Temi:** l'amore, l'identità, il futuro, l'infanzia, l'emancipazione, l'immaginazione

Secondo romanzo pubblicato con il nome di Émile Ajar, *La vita davanti a sè* ha ricevuto il Prix Goncourt nel 1975. È la storia d'amore di Momo, un bambino di 11 anni, e di Madame Rosa, un'ex prostituta con cui vive. Madame Rosa accoglie segretamente i figli delle prostitute nel suo appartamento di Belleville. L'elemento caratterizzante de *La vita davanti a sè* è la narrazione in prima persona, scritta da Momo che racconta ciò che accade intorno a lui dalla sua prospettiva e con il suo linguaggio.

Per ingannare la stampa, Romain Gary aveva chiesto a un parente stretto, Paul Pavlowitch, di assumere il ruolo di Ajar per il grande pubblico. Solo nel 1980, alla morte di Gary, il pubblico scoprì il suo trucco.

SINTESI

Figlio di una prostituta, Momo, un bambino di 11 anni, vive "in un appartamento al sesto piano" nell'appartamento di Madame Rosa a Belleville. Scoprirà le sue origini solo più tardi, quando incontrerà per la prima volta suo padre, che gli spiegherà le circostanze della morte di sua madre e la sua vera età. Per tutto questo tempo, Madame Rosa gli ha mentito per amore, per tenerlo con sé più a lungo. Insieme a Moïse, Banania e Michel, è uno dei bambini affidati a Madame Rosa dalle madri che si prostituiscono in cambio di denaro. La tutrice dei bambini è una sopravvissuta ad Auschwitz e soffre di molte ansie. Un giorno, Momo scopre un nascondiglio ebraico, un luogo segreto nascosto in cantina: Madame Rosa gli chiede di non dirlo a nessuno e lui non lo fa. Da quel momento in poi, approfittando delle sue paure, i bambini si divertono a suonare improvvisamente il campanello per metterla in incredibili stati di panico.

Lì, Momo trascorre del tempo con il signor Hamil, con il quale discute della saggezza della vita. Per bisogno di affetto, il ragazzo chiede un cane e decide di rubare un piccolo barboncino grigio, che chiama Super. Si affeziona subito, ma lo regala a una ricca signora in cambio di cinquecento franchi, che getta immediatamente in un tombino. Preoccupata per questo scoppio d'ira, Madame Rosa si chiede se possa trattarsi di qualcosa di ereditario e consulta il dottor Katz, che la rassicura al riguardo. Tuttavia, nella sala d'attesa del dottor Katz, Momo racconta di aver portato con sé la sua "leonessa", un'amica immaginaria che è fonte di conforto per il bambino e che rianima gli incubi di Madame Rosa. Crea anche un amico: Arthur, un ombrello travestito con il quale esce in strada per esibirsi in commedie e raccogliere un po' di soldi.

Madame Rosa riceve la visita del protettore del quartiere, il signor N'Da Amédée, per il quale scrive lettere. Una delle sue due guardie del corpo prende Momo sulle ginocchia, provocando una nuova esplosione di violenza da parte del ragazzo.

Si scopre che la salute di Madame Rosa si sta deteriorando poco a poco: Momo è preoccupato per lei e per se stesso. La donna ha bisogno di andare in ospedale, ma rifiuta l'uso di farmaci intensivi. Preoccupato per la loro sorte, Momo si reca a Pigalle per riportare un po' di denaro attraverso la "prostituzione": riesce solo ad attirare l'attenzione delle prostitute che lo coccolano come se fosse un figlio. Incontra Madame Nadine ammirando la vetrina di un grande magazzino: è un circo meccanico dove si muovono star, funamboli, clown con i loro giochi. In un impeto di speranza, la segue a casa.

Apprendiamo che questo è il giorno che ha scelto per il suo compleanno: tuttavia, è tutto solo per i festeggiamenti e vuole morire. Si reca quindi a casa del signor Hamil, che sta invecchiando. Quel giorno, Momo si imbatte casualmente di nuovo in Madame Nadine. La segue in una stanza dove vede una scena in cui le immagini si muovono al contrario: "Era come un cinema, solo che tutti camminavano all'indietro".

La ragazza lavora in uno studio di doppiaggio: "Il suo lavoro è far parlare le persone con voce umana al cinema". Momo è affascinato dalla possibilità di tornare indietro nel tempo.

Nel frattempo, le condizioni di Madame Rosa peggiorano: sperimenta lunghi episodi di perdita di memoria e teme che le venga diagnosticato un cancro e che finisca bloccata in ospedale, come un vegetale. Mentre il quartiere e il signor Hamil vengono a sapere che Madame Rosa è malata, Momo preferisce vagare per le strade piuttosto che stare accanto a una Madame Rosa inaridita.

Il quartiere si mobilita per Madame Rosa: Lola (una vicina di casa travestita) e i fratelli Zaoum (traslocatori) si offrono per trasportare l'anziana signora: la portano in giro per le strade. Il signor Hamil, anch'egli indebolito dalla vecchiaia, ripete a Momo di non essere un ragazzo normale. Un giorno trova la signora Rosa nuda nell'appartamento, mentre cerca di vestirsi per andare al lavoro. Il ragazzo pensa che, esponendola a sensazioni forti, tornerà ad essere quella di un tempo.

Poi arriva la catastrofe nazionale: Momo incontra per la prima volta suo padre, Kadir Youssef. Dopo essere stato rinchiuso in un ospedale psichiatrico in seguito all'omicidio della moglie, una prostituta e madre di Momo, Youssef irrompe un pomeriggio in cui Madame Rosa è sana di mente per recuperare il figlio che aveva lasciato a lei undici anni prima. Madame Rosa finge allora di aver ricevuto due bambini lo stesso giorno e di averne scambiato uno per l'altro. Fa passare Moïse (ebreo) per il figlio di Kadir Youssef (musulmano) che, in preda all'emozione per la notizia, muore d'infarto. Momo è entusiasta di avere improvvisamente quattro anni in più, ma si chiede se presto sarà di nuovo solo. Rivede Madame Nadine e suo marito, in stato di shock, e stringe un legame con la coppia, alla quale racconta la sua storia. Il legame però si spezza quando arrivano i figli di Madame Nadine e, sentendosi giudicato, Momo scappa.

Poco dopo, il dottor Katz afferma con fermezza che la signora Rosa deve essere trasferita in ospedale. Momo gli chiede di praticare l'eutanasia. Lui rifiuta, ma si commuove per la sua richiesta e sottolinea la sua sensibilità.

Mentre il medico insiste perché Madame Rosa sia portata in ospedale, Momo le mente sull'imminente arrivo della famiglia da Israele – del tutto immaginaria – che si prenderà cura di lei. L'ospedale non è quindi più necessario. La signora Rosa, che aveva sentito tutto, ringrazia Momo per la sua bugia.

Mentre le condizioni di Madame Rosa si aggravano, Momo tranquillizza il vicinato con la sua bugia. Organizza il suo trasferimento nel suo nascondiglio ebraico, di cui nessuno è a conoscenza: lì potrà morire tranquillamente. Qualche giorno dopo, Madame Rosa esala gli ultimi respiri con Momo al suo fianco, che la trucca e le spruzza il profumo. Rimane sdraiato accanto al suo corpo per tre settimane.

Alla fine del romanzo, diventa chiaro che la storia è rivolta a Madame Nadine e Ramon, la coppia che si è presa cura di lui.

STUDIO DEL CARATTERE

MOMO

Momo, la voce narrante del romanzo, è un bambino di 10 o 11 anni. Figlio di una prostituta, è ospitato dall'età di 3 anni da Madame Rosa, anch'essa ex prostituta.

Momo non sa nulla delle sue origini. Apprende per caso che tutti i bambini hanno una madre e da quel momento la cerca con ansia.

Si pone anche molte domande sulla sua esistenza. Non sa molto di sé: sa di essere musulmano ("Per molto tempo non ho saputo di essere arabo perché nessuno mi insultava") e di essere chiamato Momo ("Mi chiamo Mohammed, ma tutti mi chiamano Momo perché è più corto"). Sospetta che ci siano dei misteri intorno a lui, soprattutto sulla sua età.

A volte, Momo ha degli scatti d'ira che spaventano la signora Rosa. La donna teme che Momo abbia ereditato gli stessi "difetti mentali" del padre. Il signor Hamil e il dottor Katz, con i quali Momo stringe un vero e proprio legame di affetto, riconoscono in Momo una grande sensibilità che lo rende molto diverso dagli altri bambini.

Il ragazzo sviluppa un rapporto incredibilmente tenero con Madame Rosa. Fa di tutto per lei, mentre si preoccupa di quale sarà il suo destino quando lei non sarà più con lui ("Avevamo solo l'un l'altro al mondo, e questo valeva più di ogni altra cosa"). Ma Momo è un ragazzo dalle mille risorse: trova in se stesso la forza necessaria per sfuggire alla sua difficile esistenza (evade nei suoi sogni ad occhi aperti, incontra Madame Nadine) sviluppando una ricca vita interiore.

Momo racconta il mondo che lo circonda, dalla sua prospettiva, con la sua visione e nella sua lingua. L'intero libro è organizzato secondo la sua percezione degli eventi. Racconta i suoi ricordi man mano che si presentano, in ordine cronologico o meno, sviluppando un linguaggio che rende la narrazione ancora più unica e aggiunge colore alla storia.

MADAME ROSA

Madame Rosa, ebrea polacca, è una sopravvissuta ad Auschwitz e un'ex prostituta. Accoglie i figli delle prostitute nel suo appartamento di Belleville. È anziana, grassoccia e non molto affascinante. Tuttavia, è attenta al suo aspetto e presta particolare attenzione al suo profumo e al suo trucco.

Madame Rosa ha un rapporto meravigliosamente tenero con Momo, il ragazzo più grande che vive nella sua casa, di cui si prende cura in cambio di un pagamento mensile di trecento franchi. Madame Rosa è una vera e propria madre adottiva o sostitutiva per Momo. Gli dà amore, ma gli trasmette anche paura, una paura che lo porterà all'incontro con Madame Nadine e suo marito.

La sua salute si deteriora nel corso del libro. Teme di "finire come un vegetale" in ospedale. Fa promettere a Momo di impedire qualsiasi tentativo di somministrarle farmaci intensivi.

Si è organizzata in segreto un "nascondiglio ebraico", una stanza di rudimentali comodità in cantina, di cui solo Momo è a conoscenza, ed è qui che morirà.

DR. KATZ

Il dottor Katz è un medico ebreo che si prende cura di Momo e della signora Rosa. Egli funge da figura paterna per il narratore ("Guardandolo, pensavo spesso che se avessi avuto un padre, avrei scelto il dottor Katz").

Riconosce la grande sensibilità di Momo e si commuove nel vedere come egli si attivi per impedire le torture di Madame Rosa in ospedale. Tuttavia, rifiuta di praticare l'eutanasia quando Momo glielo chiede per "solidarietà tra ebrei". Il dottor Katz è testimone dell'affetto reciproco che lega Momo e Madame Rosa. La sua sala d'attesa funge da rifugio per il bambino che vi si reca per evadere sognando ad occhi aperti.

SIGNOR HAMIL

Il signor Hamil, un commerciante ambulante di tappeti in pensione, trascorre tutto il suo tempo al caffè del signor Driss leggendo il Corano e *Les Misérables* di Victor Hugo (scrittore francese, 1802-1885). Il signor Hamil è l'amico di Momo, un anziano musulmano che insegna al bambino tutto quello che sa ("Non so cosa sarei diventato senza il signor Hamil che mi ha insegnato tutto quello che so").

Il signor Hamil e Momo hanno un rapporto basato sulla discussione. I due affrontano soprattutto il concetto di saggezza umana. L'anziano, proprio come il dottor Katz, è toccato dalla sensibilità di Momo. Con lui, il ragazzo evade pensando. Il signor Hamil dice a Momo che il suo destino è la poesia o la scrittura. Chiaramente, gli adulti informano il narratore della sua capacità di usare la sua sensibilità come motore per crearsi una vita positiva.

ARTHUR

Arthur è l'amico immaginario di Momo. È un ombrello, vestito dalla testa ai piedi ("Gli ho fatto la testa con uno straccio verde che ho arricciato intorno al manico, e un bel viso, con un sorriso e gli occhi grandi, usando il rossetto di Madame Rosa"). Momo usa questo ombrello come sostegno morale e finanziario: nei giorni difficili, Arthur gli permette di guadagnare soldi per strada.

MADAME NADINE

Madame Nadine è la giovane donna che Momo incontra il giorno in cui sta ammirando la vetrina di un grande magazzino. Lui si commuove per il circo che vi è allestito e lei si commuove nel vederlo meravigliarsi di fronte a quello spettacolo. I due formano un forte legame che permette a Momo di avere speranza per il futuro, quando Madame Rosa non sarà più con lui ("Era magra e dal modo in cui camminava si capiva che avrebbe potuto salire sei piani di corsa e più volte al giorno portando pacchi").

Momo racconterà la sua vita a Ramon (marito di Madame Nadine e psichiatra) e Nadine, che lo prenderanno in custodia alla fine del libro.

ANALISI

LA LINGUA DI MOMO

La principale caratteristica di *La vita davanti a sè* è che il romanzo è narrato da un ragazzo di 11 anni. La voce narrante aggiunge anche tutto il colore della storia, poiché Momo usa un linguaggio tutto suo.

Inoltre, Momo si evolve all'interno di una classe lavorativa particolare, quella della prostituzione, e le parole sono usate per descrivere questo contesto duro e crudo. Ma quando vengono usate da Momo, diventano tenere e non danno una visione di *un* ambiente – la prostituzione – ma dell'ambiente *di Momo*, quello in cui si evolve e cresce.

Inoltre, l'uso che Momo fa delle parole e del linguaggio è importante, nel senso che è proprio questo che funge da fondamento del romanzo, che lo contraddistingue: "Madame Rosa diceva che un bambino era drammatizzato quando aveva avuto un dramma, come dice il termine. Quando ciò accadeva, si rifiutava di avere a che fare con la vita. È la cosa peggiore che possa capitare a un bambino, al di sopra di tutto"; "Momo tornò come aveva promesso e fu allora che ci fu la catastrofe nazionale in mio onore, che mi fece invecchiare in un colpo solo", ecc.

La particolarità del linguaggio di Momo è dovuta principalmente al fatto che Romain Gary imita un certo numero di caratteristiche del linguaggio parlato:

- usa molti dimostrativi, cioè "questo" e "quello";

- il linguaggio è volgare e colloquiale: "accalappiato", "ronzino", "puttana", ecc;

- la pronuncia è approssimativa;

- ci sono problemi di concordanza dei tempi: "Sono sceso al caffè del signor Driss e sono seduto di fronte al signor Hamil...".

Gioca anche sul significato delle parole così come sono intese da Momo, che è in costante sincronia con il loro significato comunemente accettato: "Non posso dirtelo perché non sono stato frequentato"; "Tutte queste storie di bambini che non si sono potuti abortire in tempo e non erano necessari"; "Sai cos'è una puttana? Sono persone che si difendono con il culo"; "[...] ma [Madame Rosa] si è difesa in Marocco e in Algeria per anni", ecc. O anche il fatto che vengono usate numerose espressioni (non sempre in modo appropriato): "Credete alla mia vecchia esperienza".

Alla fine del libro, Momo riflette sul proprio linguaggio, indicando così che è consapevole di usare le parole in modo personale: "La signora Rosa era stupida. Sì, un torpore, grazie, me ne ricorderò la prossima volta. Ho avuto quattro anni di shock e non è facile. Un giorno sicuramente parlerò come tutti gli altri, a questo serve".

UN ROMANZO SULLE ORIGINI
E SUL FUTURO

Nel corso del libro, Momo si muove tra il bisogno di sapere da dove viene e quello di sapere cosa gli accadrà quando Madame Rosa morirà.

Il libro si apre con una questione di origini, con il mistero della madre. Momo è alla ricerca di sua madre, o di qualsiasi madre. Cerca sia quella che lo ha messo al mondo sia quella che prenderil posto della sua madre sostitutiva, Madame Rosa. Per farlo, cerca di catturare l'attenzione di molte donne presenti nel libro.

Ma è anche una questione di padre, sia quello che sogna (quando non idealizza un padre poliziotto, dice che anche il dottor Katz sarebbe un buon genitore) sia il suo vero padre: Kadir Youssef, che un giorno compare nella sua vita.

Il suo vero padre muore (ucciso da un improvviso attacco di cuore), permettendo così a Momo di rimanere libero da un legame di sangue che non avrebbe potuto portargli nulla ("Sono sceso comunque, mi sono seduto accanto al corpo del signor Youssef e sono rimasto lì per un momento, anche se non potevamo fare nulla l'uno per l'altro"). La morte del padre, come quella di Madame Rosa, costituisce in qualche modo per Momo la possibilità di crearsi una nuova vita, di andare oltre le proprie origini.

◉ INFORMAZIONI AGGIUNTIVE: IL MISTERO DI AJAR

Quando nel 1974 uscì *Gros-Câlin*, il primo romanzo scritto con lo pseudonimo di Émile Ajar, l'intero campo letterario parigino fu scosso. L'identità dell'uomo che si celava dietro questo stile originale e inventivo era infatti sconosciuta, e circolavano ogni sorta di ipotesi più o meno stravaganti sulla reale identità dell'autore: alcuni lo ritenevano un terrorista libanese, altri pensavano che fosse opera di "grandi autori" come Aragon o Queneau.

Il mistero di Ajar raggiunse l'apice un anno dopo, quando uscì *La vita davanti a sè*, che riscosse un grande successo e che lo rese uno dei favoriti per la vittoria del Prix Goncourt. Gary, per paura di essere smascherato e senza dubbio godendo dell'aria di mistero fino alla fine, si accordò con Paul Pavlowitch, suo cugino più giovane, affinché interpretasse il ruolo di Ajar. L'inganno funzionò a meraviglia e il pubblico fu felice di vedere finalmente la risposta al mistero. Anche la critica cadde nel trucco. Mentre Gary è considerato uno "scrittore fallito", la gente elogia il genio di Ajar (e alcuni consigliano a Gary di prendere esempio dal libro del cugino). La verità verrà a galla anni dopo, alla morte di Gary, lasciando il pubblico incredulo e liberando Paul Pavlowitch da un peso ingombrante.

COME SUBLIMARE LA REALTÀ

Tutti gli adulti che circondano Momo concordano sul fatto che è dotato di una sensibilità tale da distinguerlo dagli altri.

Il signor Hamil gli predice che avrà una vita creativa (come poeta o scrittore). In ogni caso, Momo utilizza le risorse necessarie per fuggire dalla realtà che lo circonda. Se ne allontana o per crearne una nuova, più bella, in cui trovare rifugio negli altri (la leonessa, i clown) o per creare le condizioni che gli permetteranno di scoprire una nuova realtà, altrettanto bella, in un nuovo contesto (alla morte di Madame Rosa, Momo viene accolto dalla famiglia di Madame Nadine): "Posso vederli accanto a me [i clown] quando voglio. Posso vedere chiunque accanto a me se voglio, King Kong o Frankenstein e stormi di uccelli rosa grazie all'immaginazione".

Momo fa uso di tutta la sua creatività per riprodurre le condizioni che gli consentano di resistere immediatamente a una situazione difficile. Ma l'uso concreto della sua immaginazione e il suo sognare ad occhi aperti gli permettono anche di essere creativo per il futuro. Momo investirà e alimenterà abbastanza il legame tra lui e Madame Nadine, in modo tale che il marito decida di prendersi cura di lui quando Madame Rosa se ne andrà.

ULTERIORI RIFLESSIONI

ALCUNE DOMANDE SU CUI RIFLETTERE...

- Romain Gary non è l'unico romanziere a dare importanza all'oralità in un testo. Quali altre opere degne di nota scelgono di utilizzare uno stile linguistico particolare? Quali sono le implicazioni letterarie di questa scelta?

- Quali altre opere della letteratura francese adottano un tono di umorismo e ironia per affrontare una realtà sociale significativa? Quali sono le conseguenze di tale atteggiamento per il messaggio trasmesso?

- Per Momo, quale potrebbe essere la funzione degli oggetti e degli animali (reali o immaginari) a cui si affeziona? Spiegate la vostra risposta.

- Negli ultimi capitoli, Momo si oppone violentemente al dottor Katz per quanto riguarda Madame Rosa. Quale posizione difende Momo? Che cosa comporta? Perché il dottor Katz reagisce in questo modo?

- Il linguaggio di Momo è molto colorito. Guardate tutte le massime filosofiche che usa come base. In che misura sono rappresentative (o meno) del suo sistema di valori?

- Dopo aver letto un libro del genere, come definirebbe la normalità?

- Come potrebbe essere interpretato e compreso diversamente il "nascondiglio ebraico" di Madame Rosa?

- Possiamo dire che *La vita davanti a sè* passa dal grottesco al sublime? Perché?

- Nel 2006 lo scrittore americano Jonathan Safran Foer ha pubblicato *Estremamente forte e incredibilmente vicino*, in cui il narratore è un bambino di 9 anni. Prendendo in considerazione *La vita davanti a sè*, spiegate questa scelta del narratore.

ULTERIORI LETTURE

EDIZIONE DI RIFERIMENTO

Gary, R. (1977) La vita davanti a sè. *Trans. Manheim, R. New York: New Directions Books.*

STUDIO DI RIFERIMENTO

Lecarme-Tabone, É. (2005) La Vie devant soi *de Romain Gary. Parigi: Gallimard.*

ADATTAMENTI

La vie devant soi. (1977) [Film]. Moshe Mizrahi. Dir. Francia: Lira Films.

La vita davanti a sè (2008). Didier Long. Dir. (adattamento di Xavier Jaillard).

Vogliamo sapere da voi!
Lasciate un commento sulla vostra biblioteca online
e condividete i vostri libri preferiti sui social media!

www.50minutes.com

Master ISBN: 9782808689571
ISBN cartaceo: 9782808610971
Deposito legale: D/2023/12603/1377

Copertura: © Primento

Concezione digitale a cura di Primento, il partner digitale degli editori.